El cautivo

Vivian Candelaria

Reservados todos los derechos. No se permite la reproducción total o parcial de esta obra, ni su incorporación a un sistema informático, ni su transmisión en cualquier forma o por cualquier medio (electrónico, mecánico, fotocopia, grabación u otros) sin autorización previa y por escrito de los titulares del copyright. La infracción de dichos derechos puede constituir un delito contra la propiedad intelectual.

El contenido de esta obra es responsabilidad del autor y no refleja necesariamente las opiniones de la casa editora. Todos los textos fueron proporcionados por el autor, quien es el único responsable por los derechos de los mismos.

Publicado por Ibukku
www.ibukku.com
Diseño y maquetación: Índigo Estudio Gráfico
Copyright © 2021 Vivian Candelaria
ISBN Paperback: 978-1-64086-924-0
ISBN eBook: 978-1-64086-925-7

Balanceándose dentro de una jaula de metal, vive Valentino, el loro. Sus regias alas de héroe vencido las cortaron quienes quisieron verlo de rodillas.

Confinado a solitud, Valentino testifica de su vida en lo recóndito de Copalar. Ya no solloza, se le secaron los ojos de luna en celo de tanto llorar.

Otrora fuerte y rimbombante, un mártir de la selva nicaragüense, el perico cuenta de la avaricia y la dominación de los hombres en cultivos de banano, hule, minería, y madera preciosa de su región.

Valentino vio caer a sus compañeros de la selva, uno tras otro, mientras gritaban desesperadamente tratando de salvar a sus crías. Muchos Mayangnas también huyeron por las riberas del río Grande de Matagalpa buscando refugio de los armados, quienes disparaban sin cesar.

El cautivo

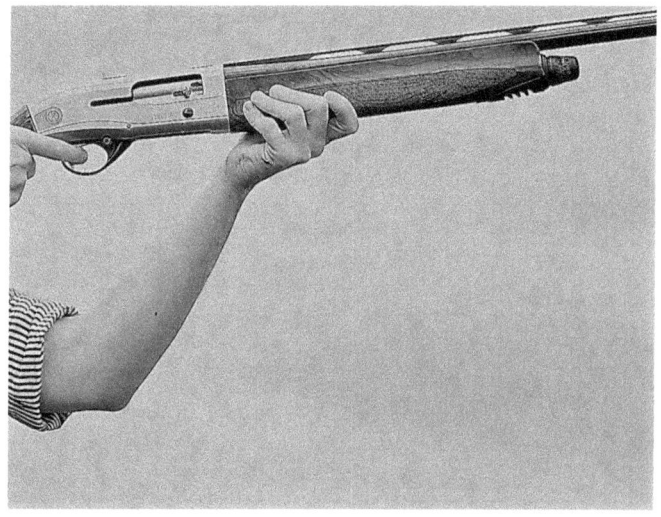

Una bala lesionó su costado, impidiéndole volar. Cayó en la hojarasca, y se arrastró por el suelo recordando el paraíso perdido.

Pese a todo, el deseo de permanecer en su tierra lo mantuvo vivo. Entrevió las capas negras de enormes zopilotes revoloteando sobre su cabeza, y se estremeció.

—¡Aquí no hay cadáver, buitres carroñeros! —les gritó envalentonado, y continuó su travesía.

Al llegar al empalme entre los pueblos de Bocana de Paiwas y Río Blanco, vio un danto agonizante en el camino, y trató de ayudarlo.

—Estás sangrando mucho —dijo Valentino, acercándose al tapir con empatía.

El mamífero era muy grande para que el ave pudiera cargarlo.

—Vete — balbuceó el anta, apenas abriendo su hocico. —Aléjate de aquí — dijo el animal, soplando su último suspiro.

No pudo hacer nada por el danto, por lo que lo besó en la frente y se despidió de él.

Valentino reanudó su rumbo, arrastrando su pico enlodado por la nostalgia.

—Lo importante es llegar hasta el Cerro Musún —razonó el ave.

Él pensaba que se salvaría cuando llegara al cruce de las corrientes de agua viva que salían de la quebrada Las Golondrinas y las del río Blanco.

Su misión era encontrar la piedra dorada, la que yace en el punto exacto donde se entrelazan esas aguas.

—Nadie podrá dañarme — pensó animoso. —Cuando me pose sobre esa piedra, seré inmortal —dedujo confiado, echándole una ojeada a su herida.

Henchida su alma por la esperanza, se encaminó hacia la tierra prometida. Al llegar a un puente destruido por minas, le salió al paso la serpiente Coralina.

—Los nuevos amos destruyeron el puente, pero puedo llevarte en mi lomo a través de la cañada —le indicó la culebra, metiendo y sacando su lengua bífida agudamente.

Valentino dudó, ya que conocía de la elocuencia de Coralina, y de su vicio de engañar a los que circulaban por esos lugares.

—Sólo montaré en tu lomo si te desprendes de tu veneno —dijo Valentino.

La víbora clavó sus pequeños ojos de pupilas elípticas en los de él. Entonces observó su ala lastimada, y le prometió que no le haría daño. Mordió un roedor inmóvil que estaba en la orilla, y le dijo abiertamente al loro:

—¡Móntate!

Valentino se colocó encima de la que una vez pudo haberlo matado, y se embarcó hacia su destino. Coralina lo dejó por unos peldaños que daban a la carretera, y una vez más, el osado cotorro emprendió su recorrido hacia la tierra de las aguas misteriosas.

A su paso sólo había desolación, las estrellas que cayeron del cielo destruyeron todo a su paso. Valentino marchaba sin mirar atrás, tropezando por aquí y por allá con escombros. Todo lo que amaba estaba completamente en ruinas.

Le jadeó el alma por la congoja. Reposó entonces entre las raíces de una vieja ceiba en el río Blanco, y sorbió un poco de agua. También se lavó el costado herido, le dolía… todo dolía: su cielo, su bosque, su ser.

Una leve llovizna lo refrescó. Se dio cuenta de que ya pronto anochecería, y apresuró el paso. Valentino se acercaba a la eternidad. Continuó río arriba con paso firme, buscando donde las aguas insondables se intersecan.

Alcanzó a ver los destellos de la piedra dorada, y le alegró saber que por fin había llegado. Confundido por tantas memorias, no se percató de la presencia sigilosa de unos hombres armados.

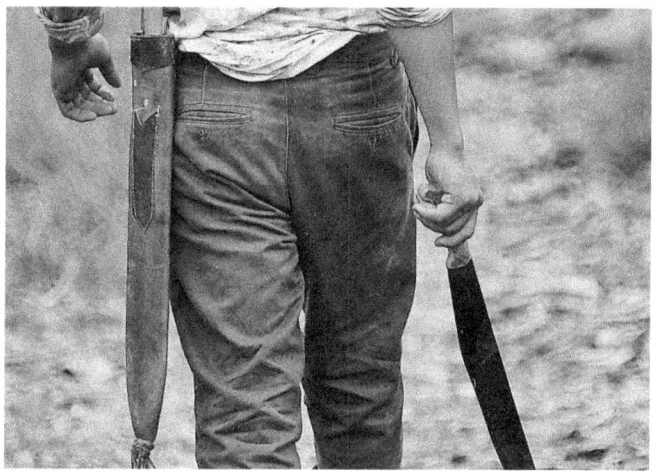

Se metió al agua confiado de alcanzar su meta. Justo cuando sus patas iban a tocar la piedra dorada para posarse en ella, una red lo dejó inmóvil. Lo capturaron y lo halaron vertiginosamente hacia la orilla.

—¡Suéltenme! —protestó enérgicamente Valentino, sin que lo entendieran.

Uno de los cazadores furtivos, abrió la malla y metió su mano para sacarlo.

El perico le mordió el dedo índice en arrechura, pero el hombre le apretó el pico y se soltó, maldiciendo al loro. Agarrándolo con su gorra, le cortó el borde de las alas para que no pudiera volar. Valentino se contorció de rabia, miedo, y dolor. Reclamó su libertad a grito partido, pero el humano lo ignoró.

Entre risas y groserías, lo metieron en un viejo saco para frijoles. Se montaron en sus mulas dirigiéndose a la terminal de buses, y se lo entregaron a los acopiadores a cambio de unos cuantos reales. Éstos lo llevaron hacia Siuna, y allí lo vendieron por treinta córdobas al traficante de aves, el Chamuco Bayardo.

Su nuevo señor le curó el costado, lo recluyó en una jaula junto con otras aves exóticas capturadas, y las puso de camino al noreste. El trayecto fue arduo y complicado, muchos de los otros animales traficados morían sofocados, estresados, y hambrientos en el camino. Valentino enronqueció de tanto gritar.

Al llegar a su nuevo destino, lo emborracharon con guaro para que no hiciera ruido mientras lo negociaban. En la complicidad de la noche, trasladaron al loro junto con las demás especies enjauladas hasta un punto de salida en Bismuna Tara, donde los embarcaron hacia un país lejano…

Adultos y niños venían a ver a Valentino en la tienda de mascotas. Lo encontraban majestuoso, una esmeralda verde de la floresta.

—¡Qué mucho habla! —decían en la tienda. —¡Comprémoslo! —dijo una señora.

Una familia con muchos niños lo adquirió. Quedaron encantados con sus chirridos roncos, creyéndolo contento.

Lo introdujeron en una cajita de cartón con agujeros para que le entrara aire, y se lo llevaron de la tienda. Valentino los miró desde adentro, cerró los ojos, y lloró su desdicha.

Evocó la selva en donde se había visto crecer fuerte y hermoso cerca de los suyos. Revivió las charlas estridentes entre compañeros de vuelo, y el sorgo millón madurado por el sol.

—Ya nunca más volaré libre entre los verdes y azules de mi terruño nicaragüense —gimió penosamente el loro—. Ahora sólo me queda el cautiverio.

Víctima de humanos que lo quieren hacer hablar como ellos, Valentino se balancea en un palito de bambú, dentro de su amarga jaula de metal...

www.ingramcontent.com/pod-product-compliance
Lightning Source LLC
LaVergne TN
LVHW021743060526
838200LV00052B/3442